Für alle Kinder, die nur ein Tuch und ein altes Herrenhemd brauchen,
um sich auf den Weg nach Beet-le-helm zu machen
A.L.


Für Mees und Liv
M.T.

© 2012 NordSüd Verlag AG, CH-8005 Zürich
Alle Rechte, auch die der Bearbeitung oder auszugsweisen
Vervielfältigung, gleich durch welche Medien, vorbehalten.
Gestaltung und Herstellung: Cornelia Federer
Lithographie: Schwabe AG, Muttenz, Schweiz
Druck und Bindung: Grafisches Centrum Cuno GmbH & Co. KG,
Calbe, Deutschland
ISBN 978-3-314-10101-4

www.nord-sued.com

# Unsere eigene Weihnachtsgeschichte

Annette Langen & Marije Tolman

NordSüd

Mia weiß genau, wie es Weihnachten gewesen ist.
Denn wenn es draußen früh dunkel wird, spielt sie ganz oft die Maria.
Und ihr kleiner Bruder Jona muss dann immer der Josef sein.

Und immer, wenn sie die Maria und der Josef sind, machen sie sich auf den langen Weg nach Bethlehem.

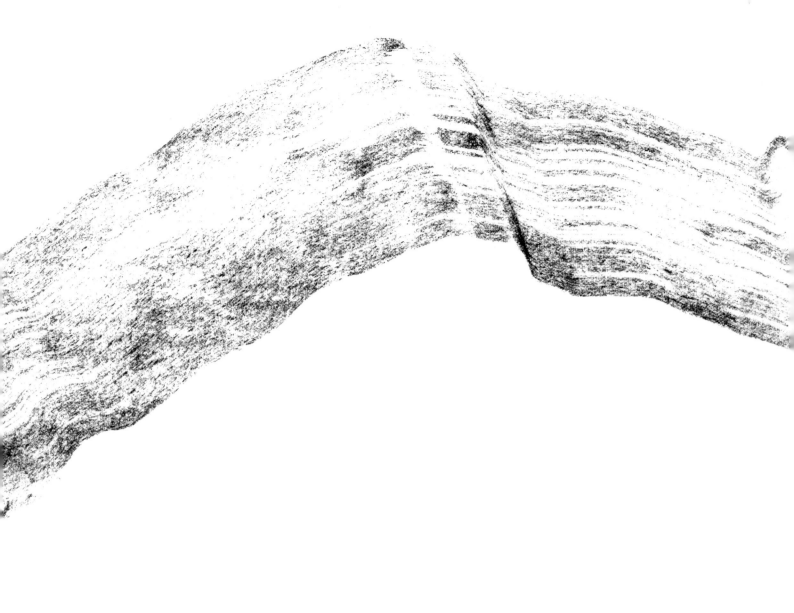

»So, Josef, jetzt müssen wir aber los«, sagt die Maria dann immer.
»Nur wir beide und unser Eselchen.«
Und weil sie kein Eselchen haben, darf ein Schaf mitspielen.
Der kleine Josef nickt:
»Komm, Maria«, sagt er dann.
Und so ziehen die beiden weit, sehr weit, durch die dunkle Nacht,
immer weiter und weiter…

… ganz weit ziehen sie, bis sie endlich die Lichter einer Stadt sehen.
»Sieh, da ist Bethlehem!«, sagt die Maria dann sehr erleichtert.
Der kleine Josef nickt andächtig und ruft:
»Jaah, da ist Beet-le-helm!«
Doch – dann weiß er meist nicht weiter.
»Und was jetzt, Mia?«, flüstert er.
»Ich bin doch die Maria«, sagt Mia leise.
Dann ruft sie:
»Josef, wir müssen ein Zimmer suchen.
Bald wird das Baby geboren!«

»Ach ja«, sagt der kleine Josef
und macht: ›Klopf, klopf.‹
»Ist hier Platz für uns?«, fragt er.
Dann schüttelt der kleine Josef den Kopf und sagt traurig:
»Nein, da ist kein Platz!«

»Klopf an die nächste Tür!«, sagt die Maria.
So macht es noch einmal:
›Klopf, klopf.‹
»Habt ihr Platz für uns?«, fragt der kleine Josef.
Doch wieder schüttelt er traurig den Kopf und sagt:
»Oh, da ist auch kein Platz.«

»Los, klopf noch da hinten an«, sagt die Maria.
Zum dritten Mal macht es:
›Klopf, klopf.‹
»Habt ihr Platz für uns?«, fragt der kleine Josef noch einmal.
Doch wieder schüttelt er den Kopf und sagt ganz traurig:
»Nein, da ist auch kein Platz.«

Und immer dann ruft die Maria, ganz verzweifelt:
»Nirgends ist Platz für uns!«
Da weiß der kleine Josef nicht mehr, was er nun sagen soll.
»Oje, oje!«, wispert ihm die Maria leise, ganz leise, zu.
Und nun ruft der kleine Josef laut:
»Oje oje, oje oje!«
Das klingt sehr, sehr traurig.

Maria weiß, was nun passiert:
»Zum Glück sagt dann eine nette Frau zu uns:
›Geht doch in unseren Stall. Da hinten ist er.‹«
Und der kleine Josef nickt:
»Komm, Mia«, sagt er.
»Ich bin doch die Maria!«, sagt Mia streng.
»Komm!«, ruft der kleine Josef, fasst die Hand von der Maria
und zieht sie in den Stall.

Im Stall sind Tiere.
»Hallo Ochse, hallo Schafe«, sagt der kleine Josef.
Und die Maria gähnt:
»Ich bin so müde, dass ich mich ins Stroh lege«, sagt sie.
»Die Tiere wärmen mich.«
Der kleine Josef nickt und legt sich dazu.
Auch das Eselchen legt sich ins Stroh.

So sieht niemand den hellen Stern am Himmel.
Dann wacht die Maria auf.
»Josef, das Baby ist da!«, ruft sie.
»Schau, das ist das Christkind!«

Und nun darf der kleine Josef das Christkind im Arm halten.
»Wir werden es Jesus nennen!«, sagt die Maria und gibt
dem Christkind einen Kuss.

Der kleine Josef weiß, was jetzt kommt.
Er schaut aus dem Stallfenster.
»Da oben leuchtet ein Stern, alles ist ganz hell, Maria!«,
ruft er und zeigt hinaus.

Die Maria staunt.
»So einen hellen Stern habe ich noch nie gesehen«, wispert sie.
»Hör nur, Josef, alle Engel singen«, die Maria muss kurz überlegen.
»Weil, sie freuen sich so, dass das Christkind geboren ist.«

Der kleine Josef setzt sich hin.
»Gleich kommt Besuch, sehr viel Besuch«, das weiß er genau.
Und schon macht es:
›Klopf, klopf.‹
»Wer ist da?«, fragt der kleine Josef mit tiefer Stimme.

Dann ruft die Maria:
»Das sind die Engel!
Sie wollen allen Menschen erzählen, dass unser Christkind geboren ist.«
Der kleine Josef nickt:
»Das ist gut.
Tschüss, Engel!«
Oh, dann muss er überlegen:
»… und was kommt jetzt, Mia?«, fragt er leise.

Da wispert die Maria:
»Klopf, klopf.«
»Ach ja!«, ruft der kleine Josef und macht schnell:
›Klopf, klopf!‹

»Hallo, ihr Hirten«, ruft Maria.
»Das sind aber tolle Geschenke für unser Christkind!
Schön weiche Wolle, Milch und sogar ein kleines Lämmchen,
vielen Dank!«

Die Maria hat kaum ausgesprochen, da macht es gleich drei Mal:
›Klopf-klopf, klopf-klopf, klopf-klopf.‹

Wie staunt da die Maria:
»Nanu, wer kommt denn jetzt?«,
fragt sie.
Der kleine Josef aber kräht:
»Hallo, ihr drei Könige!«

Die Maria ruft:
»Oh, habt ihr aber große Geschenke mitgebracht:
Gold, Weihnachtsrauch
und noch was ...
Wie wird sich unser Christkind da freuen.«
Der kleine Josef nickt und wispert:
»Und dann?!«

Sehr zufrieden sagt die Maria:
»Ja, und dann gehen alle wieder nach Hause.
Ich und du, Josef, wir schlafen jetzt.
Nur der Stern, der leuchtet über uns.
Und die Engel passen gut auf das Christkind auf.«
»Au ja!«, sagt der kleine Josef.

»Siehst du«, sagt Mia und zieht ihr Tuch ab,
»so ist das Weihnachten gewesen.«
»Hhmmm ...«, sagt Jona sehr zufrieden, »... und morgen,
da gehen wir wieder nach Beet-le-helm.«